엄지척
중·고등
역사 칠판노트

김현동 지음

엄지척 중·고등 역사 칠판노트

발 행 | 2022년 3월 17일

저 자 | 김현동

펴낸이 | 한건희

펴낸곳 | 주식회사 부크크

출판사등록 | 2014.07.15.(제2014-16호)

주 소 | 서울특별시 금천구 가산디지털1로 119 SK트윈타워 A동 305호

전 화 | 1670-8316

이메일 | info@bookk.co.kr

ISBN | 979-11-372-7737-3

www.bookk.co.kr

구성과 특징

1 도서 연계

「종래의 개념을 뒤집어 착달라 붙는 역사 참고서·문제집1·2」와 연결하여 다른 구조로 배운 내용을 정리할 수 있습니다.

2 시각 자료 제공

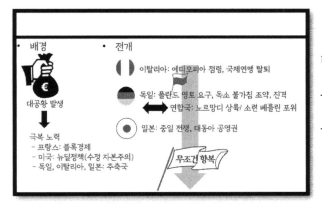

단순 암기의 텍스트를 넘어 구체적인 이미지로 역사를 이해할 수 있습니다.

3 도표와 그래프 활용

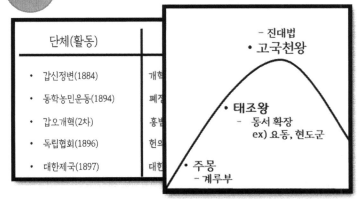

흐름 속에서 사건을 간결하게 이해할 수 있습니다.

4 기타사 내용 심화

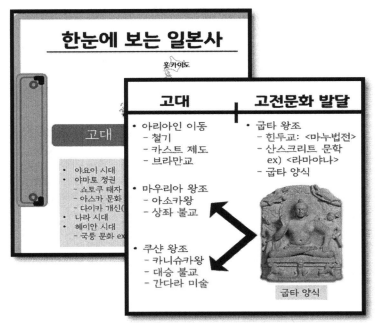

일본사, 인도사, 베트남사, 이슬람사 등 핵심 내용을 정리할 수 있습니다.

5 학습내용 확인

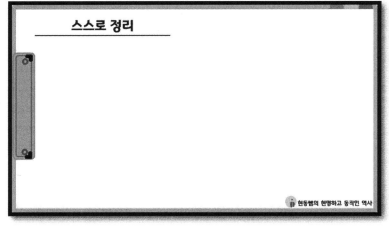

자신이 학습한 내용을 별도로 정리할 수 있습니다.

CONTENT 차례

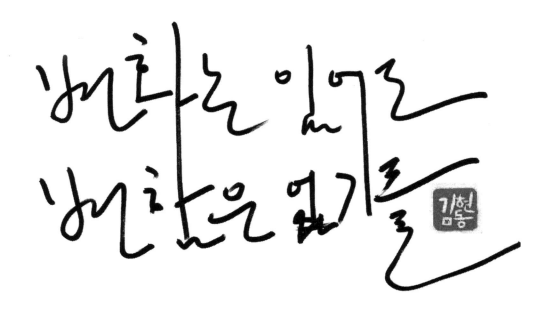

변하는 있어도
변함은 없기를
김현동

　안녕하세요. 김현동 선생님입니다. 이 책은 다년간 교육 경험을 바탕으로 수업 시간에 판서한 내용을 정리한 것입니다. 수업 시간이 끝나면 판서가 활용되지 못해 아쉬웠는데요. 고민 끝에 책으로 출간하게 되었습니다. 이전 책에서 활용된 부분을 수정 및 편집하였고, 심화 내용의 부분도 수록하였습니다. 또한, 사진 및 그림 자료를 추가하였습니다. 단순한 텍스트 암기보다 내용을 이미지화하는 것은 생동감 있게 다가올 것입니다. 더불어, 도표와 그래프를 활용하였습니다. 흐름 속에서 사건을 간결하고 쉽게 이해할 수 있습니다. 내용의 범위는 한국사와 서양사를 중심으로 중국사, 일본사, 베트남사, 이슬람사를 담았습니다. 일반적인 전체 영역이라고 보면 되겠습니다.

　여러분께서 주의하였으면 하는 부분은 시대 구분은 서양사에 기준을 맞춘 것이라는 것입니다. 한국사, 중국사 등에 적용된 시대 구분은 임의적인 구분입니다. 사실 서양사라고 해도 시대 구분에 대한 여러 역사학자의 입장이 있습니다. 때문에 상대적일 수 있답니다.

　역사는 단순 암기가 아닌 자신만의 구조로 지식을 연결하고 이해해야 합니다. 선생님이 제시하는 판서를 통해 여러분의 지식 구조를 정리하시기 바랍니다. 이 책 한 권으로 역사 내용 정리가 쉬워집니다.

2022.3.16. 교무실에서

✅ 역사 공부 Q&A

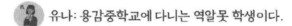
안녕하세요! 현동쌤. 역사 공부가 너무 어려워요.
외워야 할 것도 많아요ㅠㅠ 도와주세요.

안녕~ 유나야. 쉽게 이야기하면 역사는 외우는 것이 아니란다.

네에?? 그게 무슨 말이예요?

물론 역사를 공부할 때 암기 해야죠~ 그 보다는 **흐름**이 중요하답니다.

아 흐름이요?? 흐름은 시간의 순서를 말하나요?

네! 예를 들어, 여러분이 로마를 배우고 있다면 로마 정치의 왕정, 공화정, 제정이라는
흐름 속에서 어떤 사건과 변화과정이 있었는지를 알아두어야겠죠~

유나가 전체 맥락을 보고 내용을 보면 이해가 쉬워질꺼예요!

아아 흐름을 기억해두어야겠네요.

현동쌤. 그래도 암기해야 할 것이 너무 많은 것 같아요. 뭐가 중요한 지도 모르겠구요ㅠ

물론 공부를 하려면 전체 내용을 알아야 하죠. 그것보다는 무엇이 중요한지 먼저 알아야 두어야 합니다.

중요한 내용을 중점으로 파악한 뒤 다른 내용도 반복해서 읽고 공부하면 조금 쉬워진답니다.

앞으로는 중요한 것이 무엇인지 한번 봐야겠어요!

공부를 할 때는 **반복**해서 공부하면 내용을 기억하는데 도움이 됩니다. 학습지, 교과서, 참고서 및
문제집을 여러분의 순서에 맞게 반복해서 보면 좋답니다. 또한, **청킹**이라고 하는 것을
이용해보세요. 선생님의 경우 앞 글자를 따서 기억을 하려는 편인데요 가령, 중국사의 한나라를
배우고 있다면, ㅎ에 해당되는 것을 연결해서 기억하면 쉽겠죠? 흉노, 훈고학, 향거리선제,
호족, 황건적의 난 등을 떠올려보세요. 유나 화이팅!

현동쌤. 감사합니다!! 지금 당장 역사 공부하러 가야겠어요~

Ⅰ. 한국사 칠판노트

한눈에 보는 한국사

고대

- 선사 시대
  - 구석기, 신석기
  - 청동기 시대
  - 고조선(기원전 2333)
- 여러 나라의 성장
  - 부여, 고구려, 옥저, 동예, 삼한
- 삼국 시대
  - 백제, 고구려, 신라
- 남북국 시대
  - 발해, 통일신라

중세

- 고려(918~)
  - 태조
  - 광종
  - 거란, 여진족
  - 무신 정변(1170)
  - 몽골의 침입
  - 원간섭기
  - 공민왕

근세

- 조선(1392~)
  - 유교 통치: 태조~성종
  - 사림의 중앙 진출
  - 붕당 정치
  - 임진왜란(1592), 호란
  - 예송/환국
  - 탕평 정치: 영·정조
  - 세도 정치

근대

- 흥선대원군
- 서세동점
- 강화도 조약(1876)
- 임오군란(1882)
- 갑신정변(1884)
- 1894: 갑오개혁,
  동학농민운동, 청·일 전쟁
- 대한 제국(1897)
- 국권 피탈 → 한·일 병합
- 일제 강점기(1910~45)

현대

- 광복(해방, 1945)
- 정부 수립(1948)
- 6·25 전쟁(1950)
- 4·19 혁명(1960)
- 5·18 광주
  민주화운동(1980)
- 6월 항쟁(1987)
- 역대 통일 정책

구석기와 신석기 비교

구석기

- 떼석기, 주먹도끼

- 동굴, 막집

신석기

- 간석기, 가락바퀴, 뼈바늘
  빗살무늬 토기

- 움집
- 종교
  애니미즘, 토테미즘, 샤머니즘

- 농사시작 = 정착

청동기 시대와 고조선

청동기

- 반달돌칼, 비파형 동검
- 미송리식 토기, 민무늬 토기
- 지상가옥
- 계급사회 ex) 고인돌

고조선

조선인 이유 3가지

- 단군조선: 제정일치(단군/왕검)
- 위만조선: 철기 유입
- 중계무역 ↑ 한나라 침입 ↑ 멸망
- 8조법: 생명존중, 사유재산, 계급사회, 가부장적
- 영토 범위: 비파형 동검
  미송리식 토기
  탁자식 고인돌

① 상투를 틀름
② 조선인 옷
③ 조선 국호 유지

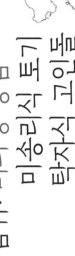

- 11 -

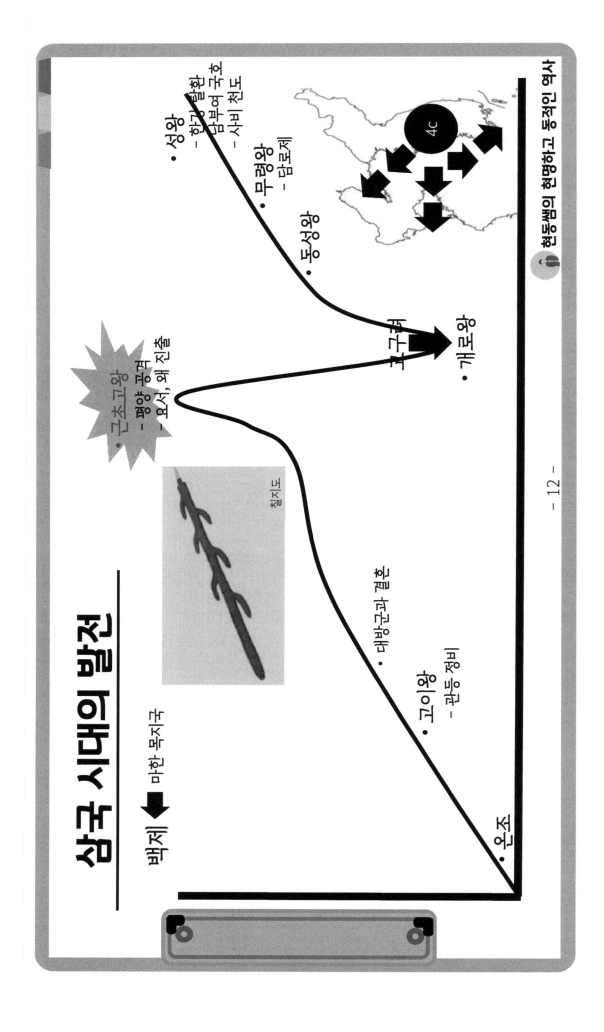

삼국 시대의 발전

백제 ← 마한 목지국

철기도

• 근초고왕
 - 평양 공격
 - 요서, 왜 진출

• 고이왕
 - 관등 정비

• 대방군과 결혼

• 온조

• 근구수

• 개로왕

• 동성왕

• 무령왕
 - 담로제

• 성왕
 - 한강 탈환
 - 남부여 국호
 - 사비 천도

4C

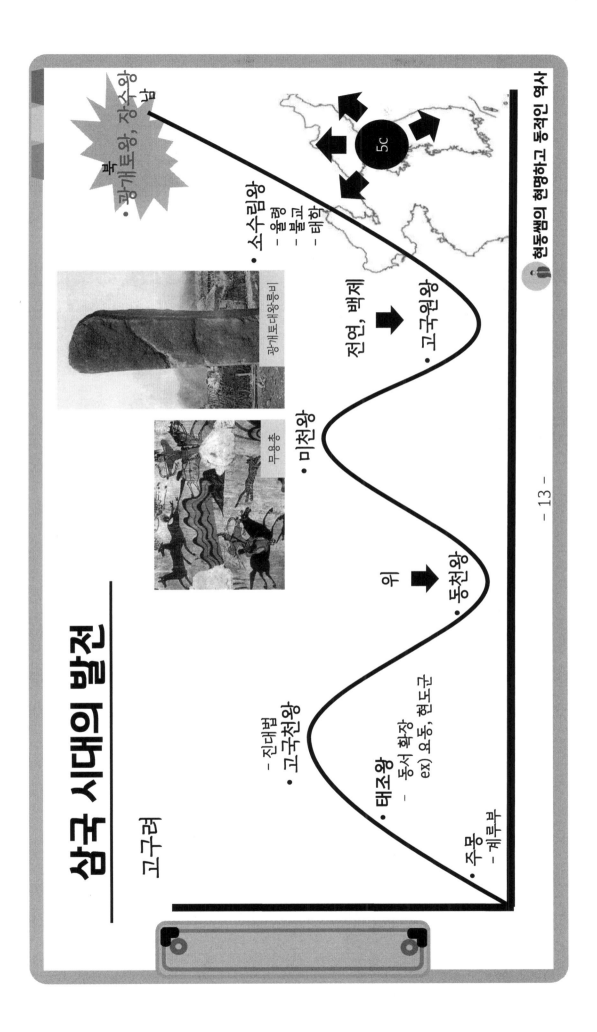

삼국 시대의 발전

고구려

• 주몽
  - 계루부

• 태조왕
  - 동서 확장
    ex) 요동, 현도군

• 고국천왕
  - 진대법

• 동천왕

위 ➡ 동천왕

• 미천왕

무용총

광개토대왕릉비

전연, 백제 ➡ 고국원왕

• 소수림왕
  - 율령
  - 불교
  - 태학

5c

• 광개토왕, 장수왕

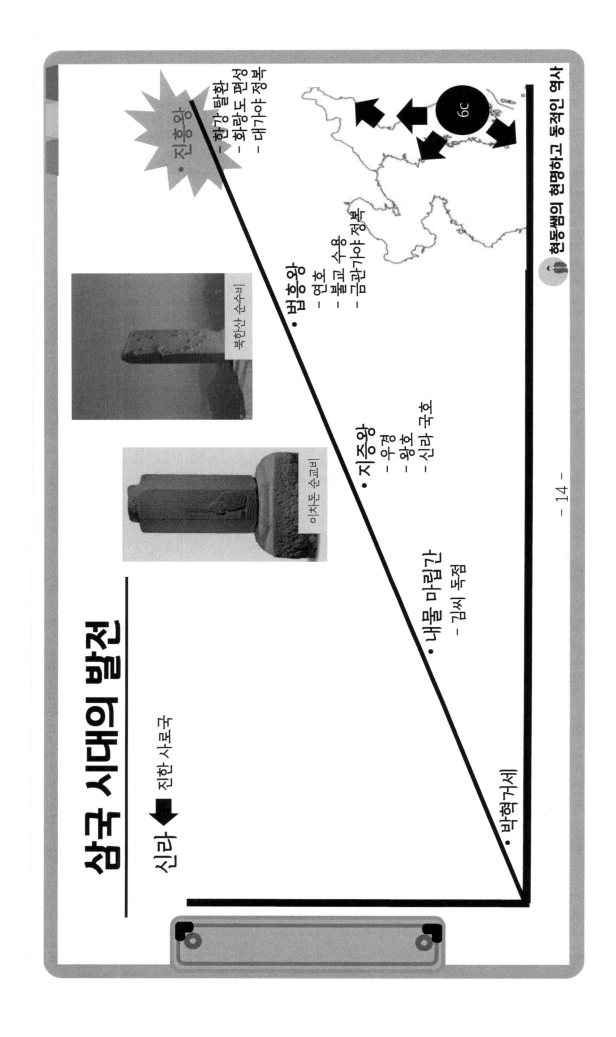

삼국 시대의 발전

신라 ← 진한 사로국

• 내물 마립간
  - 김씨 독점

• 지증왕
  - 우경
  - 왕호
  - 신라 국호

• 법흥왕
  - 연호
  - 불교 수용
  - 금관가야 정복

• 진흥왕
  - 한강 탈환
  - 화랑도 편성
  - 대가야 정복

• 박혁거세

북한산 순수비

이차돈 순교비

6c

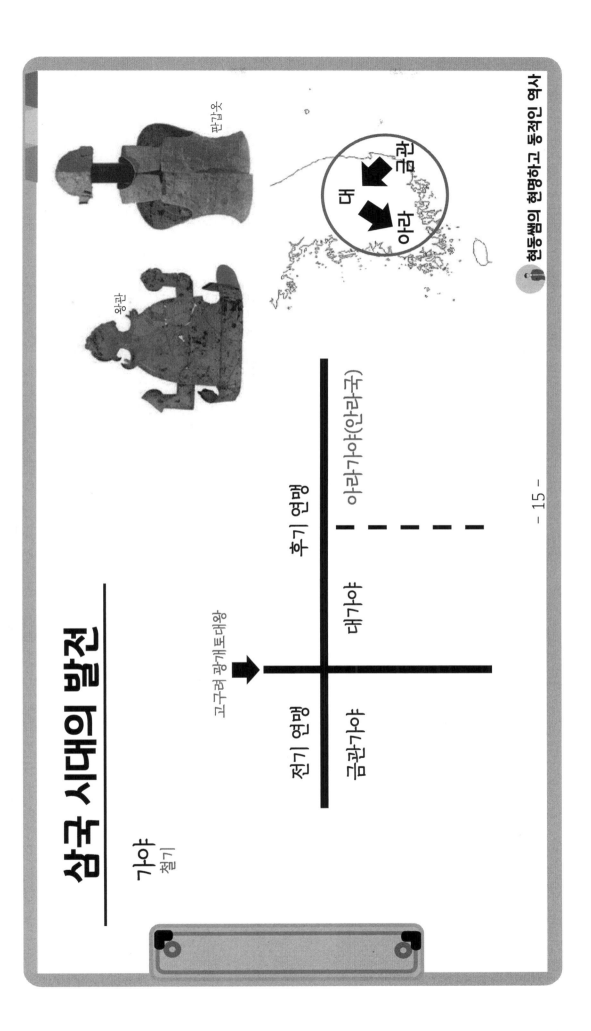

남북국 시대 유득공, <발해고>

1. 통일신라
- 과정: 나당 동맹 ➡ 백제/고구려 멸망 ➡ 부흥운동 ➡ 나당 전쟁 ➡ 삼국 통일
- 의의와 한계
- 왕권 강화: 신문왕
  - 시위부 강화
  - 김흠돌 난 진압
  - 9구별 천도 계획
- 하대 혼란 ex) 장보고

< 간략 흐름 >

진흥왕 · 경순왕
박혁거세

2. 발해 고구려 계승 ex) 온돌, 기와, 출신
- 고왕(대조영): 진 ➡ 발해군왕
- 무왕: 당과 마찰
- 문왕: 당과 관계 개선
- 선왕: 해동 성국

- 의의
  ① 자주적 통일
  ② 민족 문화 토대 마련
- 한계
  ① 영토 축소
  ② 외세 개입

발해

통일신라

사자상

이불병좌상

영광탑

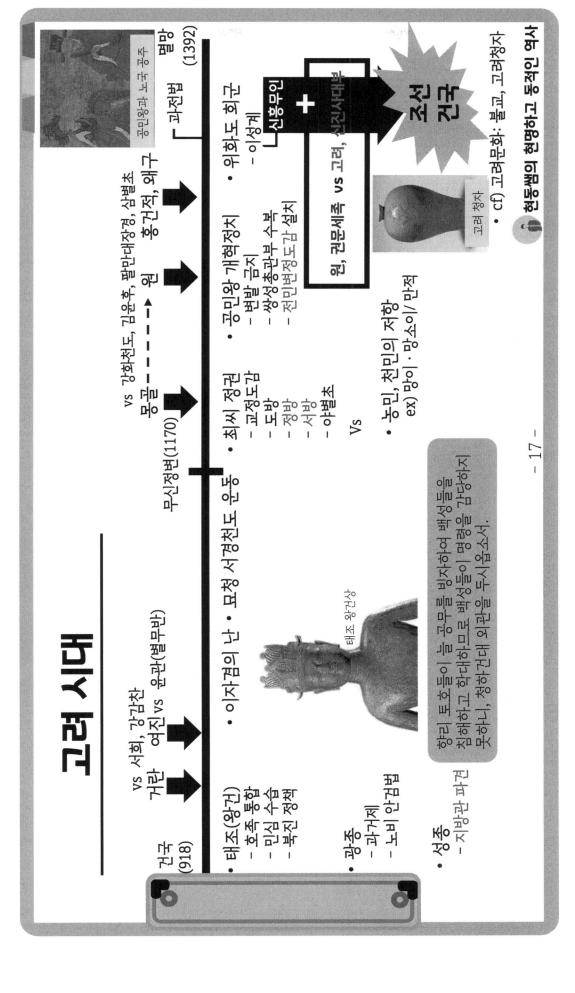

고려 시대

현동쌤의 현명하고 똑똑한 역사

건국 (918)

• 태조(왕건)
- 호족 통합
- 민심 수습
- 북진 정책

• 광종
- 과거제
- 노비 안검법

• 성종
- 지방관 파견

vs 서희, 강감찬
거란 vs 여진 vs 윤관(별무반)

• 이자겸의 난 · 묘청 서경천도 운동

태조 왕건상

항리 토호들이 늘 공무를 빙자하여 백성들을 침해하고 학대하므로 백성들이 명령을 감당하지 못하니, 청하건대 외관을 두시옵소서.

무신정변(1170)

• 최씨 정권
- 교정도감
- 도방
- 정방
- 서방
- 야별초

Vs

• 농민, 천민의 저항
ex) 망이·망소이 / 만적

몽골 (1170)
vs 강화천도, 김윤후, 팔만대장경, 삼별초
몽골 ----→ 원   홍건적, 왜구

• 공민왕 개혁정치
- 변발 금지
- 쌍성총관부 수복
- 전민변정도감 설치

원, 권문세족 vs 고려, 신진사대부

과전법   멸망 (1392)

• 위화도 회군
- 이성계

공민왕과 노국 공주

[신흥무인] + [신진사대부] → **조선 건국**

• 고려문화: 불교, 고려청자

고려 청자

cf) 고려청자

조선 시대

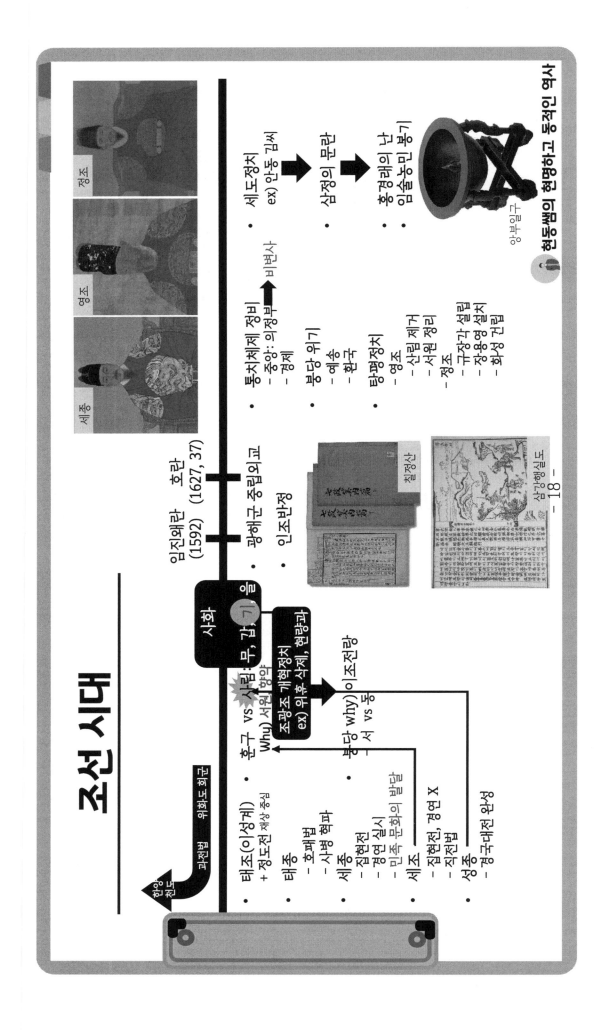

한양 천도

과전법 위화도 회군

- 태조(이성계)
  + 정도전 재상 중심
- 태종
  - 호패법
  - 사병 혁파
- 세종
  - 집현전
  - 경연 실시
  - 민족 문화의 발달
- 세조
  - 집현전, 경연 X
  - 직전법
- 성종
  - 경국대전 완성

사화
무, 갑, 기, 을

Why) 서원, 향약

훈구 vs 사림

조광조 개혁정치
ex) 위훈 삭제, 현량과

붕당 why)이조전랑
서 vs 동

임진왜란 (1592)

호란 (1627, 37)

- 광해군 중립외교
- 인조반정

청렴산

산가해심도

- 통치체제 정비
  - 중앙: 의정부 → 비변사
  - 경제
- 붕당 위기
  - 예송
  - 환국
- 탕평정치
  - 영조
    - 산림 제거
    - 서원 정리
  - 정조
    - 규장각 설립
    - 장용영 설치
    - 화성 건립

세종 영조 정조

현동쌤의 현명하고 동작인 역사

- 세도정치
  ex) 안동 김씨
- 삼정의 문란
- 홍경래의 난
  임술농민 봉기

앙부일구

사화

사림

훈구

최종 승리 why) 서원, 향약

→ 붕당 정치

무오사화	훈구 세력이 김종직이 작성한 조의제문을 문제로 삼음
갑자사화	연산군의 어머니 폐비 윤씨 사건을 구실로 훈구와 사림이 모두 피해
기묘사화	중종반정 이후 등용된 조광조의 개혁정치에 대해 훈구세력이 반발
을사사화	외척 간의 권력 다툼에 휩쓸려 사림이 피해를 입음

조선의 성군

전기

세종

· 집현전 설치 : 학문 연구,
훈민정음 창제
· 의정부 서사제 : 일반 사무는
의정부에서 처리, 인사 및 군사
업무는 왕이 직접 처리 ⇒ 왕권과
신권의 조화
· 민족 문화의 발달 : 칠정산,
앙부일구, 농사직설, 향약집성방

후기

영조 (할아버지)

· 탕평파 육성, 탕평비 건립
· 이조전랑 권한 축소
· 서원 정리
· 신문고 부활
· 청계천 준천
· 서얼 등용
· 속대전, 동국문헌비고 편찬

정조 (손자)

· 소론과 남인 등용
· 규장각 설립
· 장용영 설치
· 수원 화성 건설
· 초계문신제 시행
· 금난전권 폐지
· 대전통편, 동문휘고 편찬

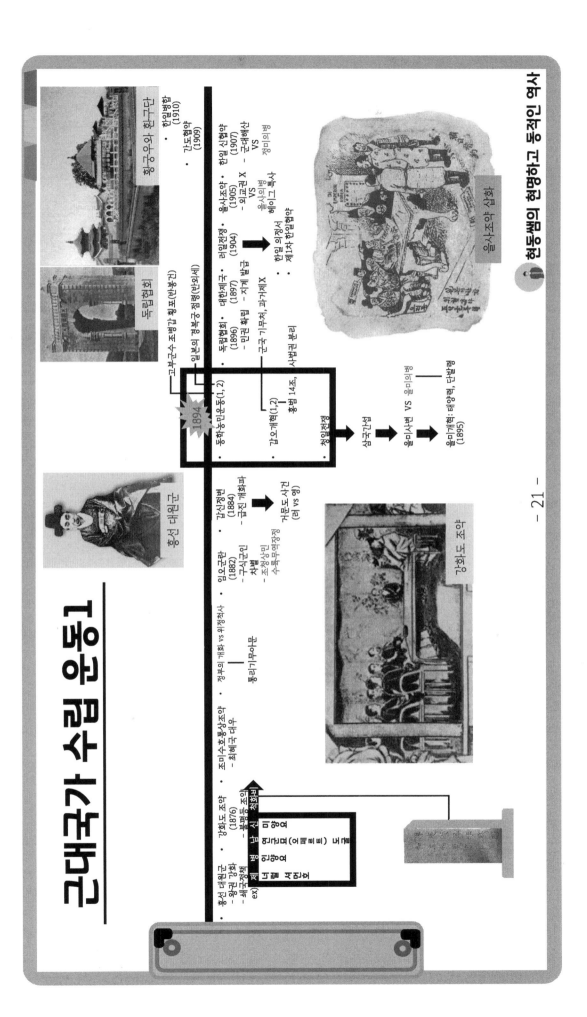

근대국가 수립 운동2

단체(활동)	문서
갑신정변(1884)	개혁정강 14개조 ex) 호조, 의정부
동학농민운동(1894)	폐정개혁안 ex) 탐관오리 X, 집강소
갑오개혁(2차)	홍범 14조 ex) 탁지아문, 왕실/국정
독립협회(1896)	헌의 6조 ex) 중추원
대한제국(1897)	대한국국제 ex) 대황제 군주권

일제 강점기 (1910~1945)

한일병합 (1910)

광복/해방 (1945)

1910년대

무단통치
- 조선 총독부
- 헌병 경찰제
- 조선 태형령
- 토지조사사업
- 회사령

VS

민족운동
- 국내: 대한 의군부, 대한광복회
- 국외: 간도, 연해주 ex) 신민회

3·1 운동
대한민국
임시정부

의열단

[폭탄 그림]

1919

1920년대

민족분열통치(문화통치)
- 보통 경찰제
- 자유 부분 허용
- 교육 확대
- 산미증식계획(~1934)
- 회사령X, 신고제

VS

민족운동
- 국내(민족: 신간회성 ex)
  사회: 사회운동 ex) 정의
- 국외: 봉 청 간 자 3부 통합

민립대

 언론의 자유 부분 허용

황국신민 서사 암송

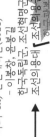

1930~40년대

민족말살통치
- 황국신민 서사 암송
- 신사참배 강요
- 창씨개명
- 병참기지화 정책
  ex) 징병제, 여자정신대

VS

민족운동
- 국내 X
- 국외 ex) 한인애국단(1931)
  - 이봉창, 윤봉길
  한국독립군, 조선혁명군
  조선의용대

6·10만세 (1926)

신간회 (1927)

광주학생 (1929)

한국광복군 (1940)
- 임시정부
- 미얀마, 인도 전선
- 미국 OSS 연합

민주주의적 세력에 대하여는 그 부르주아 민주주의적 성질을 명백하게 인식하는 동시에...그것이 타협하는 형태로 출현도지 아니하는 것에 한하여 적극적으로 제휴하여야...싸워야 할 것이다.
— 정우회 선언 —

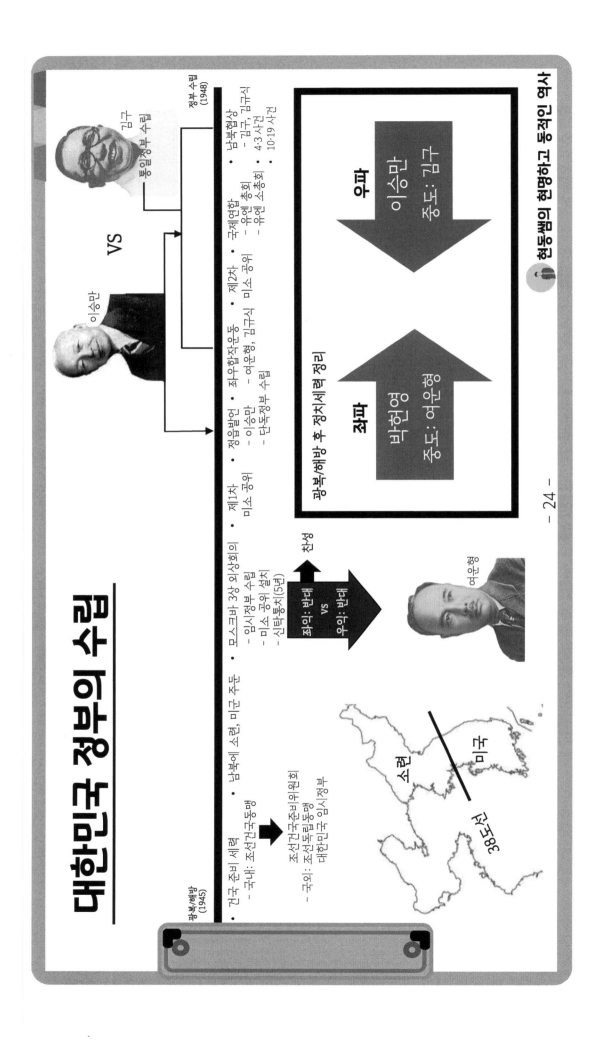

대한민국 정부의 수립

광복/해방 (1945)

- 건국 준비 세력
  - 국내: 조선건국동맹
  → 조선건국준비위원회
  - 국외: 조선독립동맹
    조선건국동맹
    대한민국 임시정부

- 남북에 소련, 미군 주둔

- 모스크바 3상 외상회의
  - 임시정부 수립
  - 미소 공위 설치
  - 신탁통치(5년)

  좌익: 반대
  vs
  우익: 반대
  → 찬성

  여운형

- 제1차 미소 공위

- 정읍발언
  - 이승만
  - 단독정부 수립

- 좌우합작운동
  - 여운형, 김규식

- 제2차 미소 공위

- 국제연합
  - 유엔 총회
  - 유엔 소총회

- 남북협상
  - 김구, 김규식
  - 4·3사건
  - 10·19사건

정부 수립 (1948)

김구
통일정부 수립

VS

이승만
단독정부 수립

광복/해방 후 정치세력 정리

좌파
박헌영
중도: 여운형

우파
이승만
중도: 김구

소련

미국

38도선

역대 정부의 특징1

5·18 광주 민주화 운동

6월 민주 항쟁

· 이승만 정부
- 친일파 청산 시도 실패
- 농지개혁: 유상
- 6·25 전쟁
- 삼백 산업
- 4·19 혁명(1960)으로 하야

4.19혁명: 교수단의 시위

· 장면 정부
- 내각책임제

· 박정희 정부
- 5·16 군사정변
- 한일협정
- 베트남 파병
- 유신헌법
- 경제개발계획 추진
- 석유파동
- 7·4남북공동성명(1972)
- 부마항쟁 → 10·26 사건

① 자주적으로 해결
② 평화적 방법으로 실현
③ 민족적 대단결 도모

· 12·12 사태
· 서울의 봄
· 5·18 광주 민주화 운동(1980)

· 전두환 정부
- 7년 단임제
- 삼청 교육대
- 야간통행
- 프로야구
- 3저 호황
- 6월 민주항쟁(1987)

· 노태우 정부
- 북방정책
- 남북기본합의서(1991)

제 1조 상대방 체제 인정
제 5조 경제 교류와 협력 실시

역대 정부의 특징2

- 김영삼 정부
  - 문민정부
  - 금융실명제
  - 지방자치제
  - 역사 바로 세우기
  - OECD 가입
  - I.M.F 구제

- 김대중 정부
  - 평화적 정권교체
  - 노사정 위원회
  - 햇볕정책
  - 6·15 남북 공동선언(2000)

남측의 연합제 안과 북측의 낮은 단계의 연방제 안이 서로 공통성이 있다고 인정

- 이명박 정부
  - G20 개최
  - 상호주의

- 노무현 정부
  - 참여정부
  - 10·4 남북 공동선언(2007)

- 박근혜 정부
  - 창조경제
  - 문화가 있는 삶

- 문재인 정부
  - 판문점 선언(2018)

김대중 대통령과 김정일 국방위원장

역대 정부의 특징3

자유 민주주의 흐름

6월 민주 항쟁(1987)
- 대통령 직선제(6·29 민주화 선언)

5·18 광주 민주화 운동(1980)
- 신군부 계엄 해제 요구

4·19 혁명(1960)
- 3·15 부정선거

이승만 독재 타도

역대 정부의 특징4

통일

남북 통일 노력

7.4 남북 공동 성명(1972)
- 자주, 평화, 민족대단결

남북 기본 합의서(1991)
- 상대방 체제 인정, 존중
- 교류 협력

남북 정상 회담
1. 6.15 남북 공동 선언(2000)
 - 개성공단, 경의선 복원, 이산가족 상봉
2. 남북 관계 발전과 평화와 번영을 위한 선언(2007)
3. 판문점 선언(2018)

스스로 정리

II. 서양사 칠판노트

한눈에 보는 서양사

고대

- 그리스 세계
  - 아테네, 스파르타
- 알렉산드로스 제국
  - 헬레니즘
- 로마 제국
  - 왕정 → 귀족정
  - → 공화정 → 제정

중세

- 프랑크 왕국(서)
- 비잔티움 제국(동)
- 봉건 사회
- 교황권 성장
- 십자군 전쟁(1096)
- 도시 성장
- 교황권 쇠퇴

근대

- 르네상스
- 종교 개혁
- 신항로 개척
- 절대 왕정(16~18c)
- 시민 혁명: 영, 미, 프
- 이탈리아, 독일 통일
- 산업혁명(18c)
- 제국주의

현대

- 제1차 세계 대전(1914)
- 러시아 혁명(1917)
- 대공황(1929)
- 제2차 세계 대전(1939)
- 냉전과 탈냉전
- 현대 세계
  - 세계화, 탈권위, 대중문화

그리스 세계와 알렉산드로스 제국

- 아테네의 민주정치
  - 솔론: 금권정(재산 정도에 따라 정치 참여)
  - 페이시스트라토스: 참주정(독재)
  - 클레이스테네스: 부족제 개편, 도편추방제
  - 페리클레스: 민회 강화, 추첨제, 수당제

- 그리스-페르시아 전쟁
  - 아테네(델로스 동맹)
    - VS
  - 스파르타(펠로폰네소스 동맹)

- 펠로폰네소스 전쟁

- 알렉산드로스 제국
  - 동방원정, 헬레니즘 전파

페리클레스

- 특징
  - 산지가 많은 지형
  - 올림피아 제전

- 아테네: 민주주의

그리스 VS 아케메네스 페르시아

- 스파르타: 군국주의

- 32 -

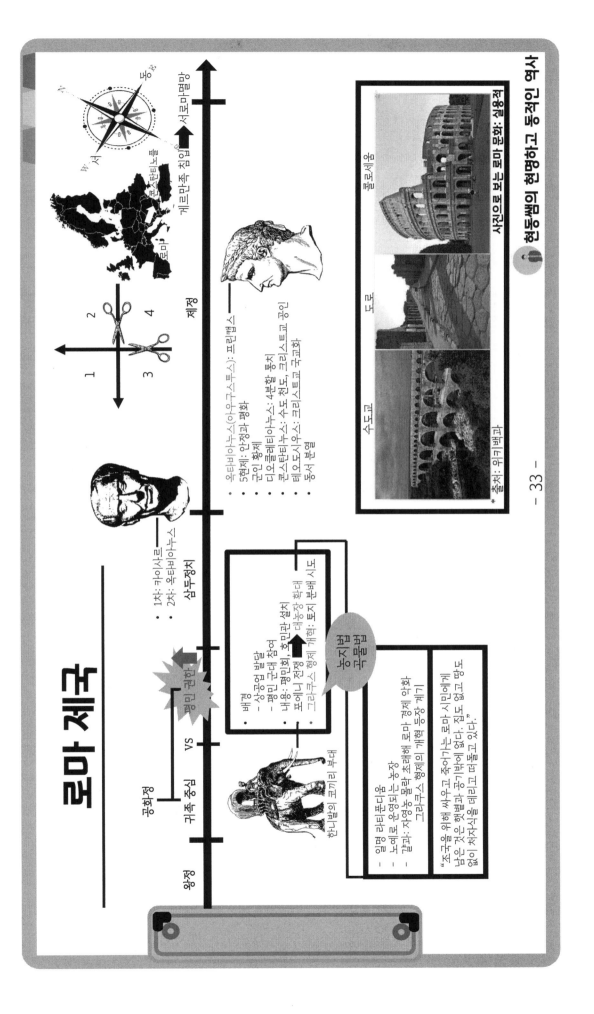

로마 제국

왕정   공화정   귀족 중심   VS   평민 권한   제정

한니발의 코끼리 부대

• 배경
  - 상공업 발달
  - 평민 군대 참여
• 내용: 평민회, 호민관 설치
• 포에니 전쟁
• 그라쿠스 형제 개혁: 토지 분배 시도

농지법 곡물법

대농장 확대

- 일명 라티푼디움
- 노예로 운영되는 농장
- 결과: 지영농 몰락 초래해 로마 경제 약화
- 그라쿠스 형제의 개혁 등장 배경

"조국을 위해 싸우고 죽어가는 로마 시민에게 남은 것은 햇볕과 공기밖에 없다. 집도 없고 땅도 없이 처자식을 데리고 떠돌고 있다."

• 1차: 카이사르
• 2차: 옥타비아누스
삼두정치

• 옥타비아누스(아우구스투스): 프린켑스
• 5현제: 안정과 평화
  군인 황제
• 디오클레티아누스: 4분할 통치
• 콘스탄티누스: 수도 천도, 크리스트교 공인
• 테오도시우스: 크리스트교 국교화
  동서 분열

게르만족 침입   서로마멸망

서   동
남   북

1 2
3 4

로마 멸망 후 변화

카롤루스 대제

- 프랑크 왕국의 성립 · 노르만족의 침입 · 왕권의 약화와 봉건제
  - 게르만족

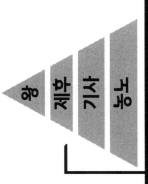

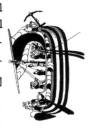

```
왕
제후
기사
농노
```

- 왕권의 약화와 봉건제 · 기사(영주)세력의 성장
  - 노르만족 침입 이후 봉건 사회 안정에 기여
  - 경제 발달로 세력 확대

- 상인 집단의 성장
  - 잉여 생산물 판매로 성장
  - 상파뉴 정기시 발달
  - 길드 조직, 코뮌 운동으로 영주로부터 독립
  - 왕권과 결탁

- 왕권의 성장과 교회 세속화

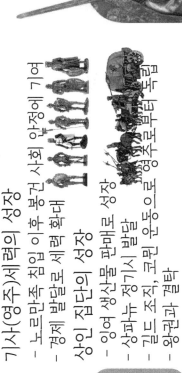

프랑크 왕국의 발전
- 클로비스 : 크리스트교 개종
- 카롤루스 마르텔 : 이슬람 격퇴
- 피핀 : 이탈리아 중부 교황에게 기증
- 카롤루스 대제 : 서로마 황제 대관식, 카롤링거 르네상스

프랑크 왕국이 존속한 이유
① 근거리 이동
② 크리스트교 수용
③ 로마인과 융합

세속과 교권의 충돌

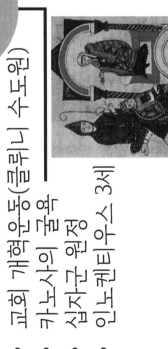

카노사의 굴욕

왕제 **VS** **교황**

- 교회 개혁운동(클뤼니 수도원)
- 카노사의 굴욕
- 십자군 원정
- 인노켄티우스 3세

절대 왕정의 기초 마련

왕제 **VS** **교황**

ㄴ• 아비뇽 유수

아비뇽 사건

비잔티움 제국

그리스 정교, 돔 천장

전성기	유스티니아누스 황제 - 옛 로마 영토 대부분 회복 - 유스티니아누스 법전: 로마법 집대성 - 성 소피아 성당 건축
쇠퇴	· 잦은 외부 침략 · 이슬람 세력 침입 · 11세기 셀주크 투르크의 공격 · 제 4차 십자군의 수도 점령
멸망	오스만 제국의 공격으로 수도 함락

· 황제 교황주의

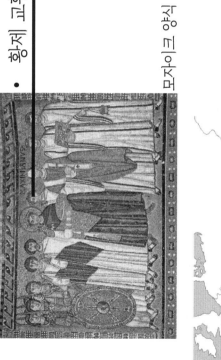

모자이크 양식

프랑크 왕국

콘스탄티노폴리스

비잔티움 제국

근대 사회의 변화1

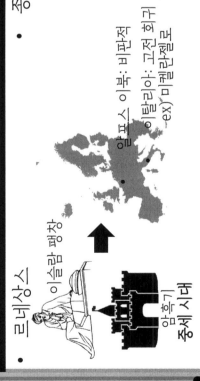

르네상스
- 이슬람 팽창
- 암흑기 중세 시대
- 알프스 이북: 비판적
- 이탈리아: 고전 회귀
  →ex) 미켈란젤로

종교개혁

루터 95개조 반박문

신항로 개척

후원

- 콜럼버스: 서인도 제도
- 바스쿠 다 가마: 희망봉, 인도
- 마젤란: 세계 일주
- 결과: 상업 혁명, 가격 혁명 초래

절대왕정
서: 프랑스 루이 14세

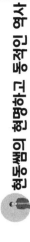

갈뱅 예정설

동: 러시아 표트르 대제
왕권 신수설, 중상주의, 관료제, 상비군

르네상스-미켈란젤로

바쿠스

미켈란젤로의 첫 조각 작품으로 볼 수 있다. 임명 그리스·로마 신화에 등장하는 디오니소스 신의 형상이다. 다소 술에 취한 듯한 모습이 인상적이다.

피에타

예수의 죽음을 성모와 함께 조각으로 표현하였다.

자식을 잃은 슬픔을 말 할 수 없는 표정의 성모로 표현하였다. 예수를 감싸고 있는 성모는 안정감이 있고 표용력이 있어 보인다. 몸보다 큰 옷깃이 예수를 받치고 있다.

그러나, 신은 위에서 아래를 내다보므로 위에서 이 작품을 보았을 때 오히려 예수가 큰 비중을 차지하고 있다. 예수의 표정도 고통보다는 편안해 보인다.

이 조각은 처음에 미켈란젤로가 내 팽개친 작품이었다. 후에 사람들이 작품의 관심을 갖기 시작하자 '미켈란젤로' 성모의 가슴쪽 띠에 글자를 새겼다. 후에 미켈란젤로는 이러한 자신의 행위에 대해 크게 후회와 반성을 했다고 한다.

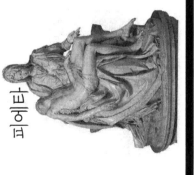

최후의 심판

교황의 요청을 받아 약 4년에 걸쳐 완성한 벽화이다.

현재 바티칸 공화국 시스티나 성당에 있다. 가운데 예수를 기점으로 단테의 신곡의 세계관을 반영한 것이 특징이다.

위는 천국, 중간은 연옥, 아래는 지옥을 표현하고 있다.

이 벽화에는 현실 인물 세 명이 등장하는데 교황, 추기경, 자신이다. 교황은 두 개의 귀를 들고 있는 인물로 그렸으며, 추기경은 지옥에서 자신의 등에 뱀이 물리고 있는 인물로 표현하였고, 자기 자신은 가죽 껍데기로 묘사하였다.

이 작품은 모두 옷을 벗은 상태였다. 때문에 많은 비판을 받았고, 후에 제자가 그림을 수정하였다. 1990년 복원을 통해 다시한 색을 덜어내고 받은 색체를 되찾았으나 특유의 중후한 색체를 잃었다는 비판을 받기도 한다.

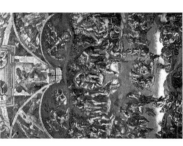

다비드상

피렌체는 메디치 가문의 오랜 지배를 받았다. 공화국이 들어서면서 시민들의 정치적 열망이 담긴 것이 바로 이 다비드상이다. 부릅뜬 눈, 젱그린 미간, 돌을 던질듯한 자세, 묵파 팔이 힘줄까지 섬세한 표현으로 다양이 감정을 담았다.

기존에는 건물 지붕에 배치하려고 하였으나 시청 앞 시뇨리아 광장에 배치하면서 더욱 정치적 상징물이 되었다.

크기는 약 5m로 거대한 편이며, 지지대 오직 하나를 두고 균형을 유지하고 있다.

현재는 피렌체 아카데미아 미술관에 있으며, 이를 보이기 위해 매년 관광객이 몰려든다.

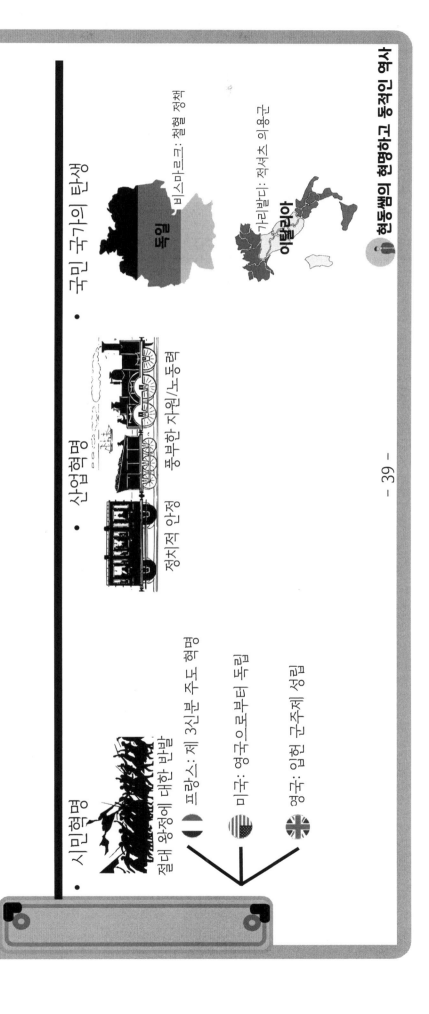

근대 사회의 변화2

- 시민혁명
  - 절대 왕정에 대한 반발
  - 프랑스: 제 3신분 주도 혁명
  - 미국: 영국으로부터 독립
  - 영국: 입헌 군주제 성립

- 산업혁명
  - 정치적 안정 풍부한 자원/노동력

- 국민 국가의 탄생
  - 독일
  - 비스마르크: 철혈 정책
  - 이탈리아
  - 가리발디: 적서츠 의용군

프랑스 혁명

배경
- 구제도의 모순
- 왕실 재정의 위기 → 삼부회 소집 표결 갈등
- 계몽 사상의 확산
- 미국 독립 전쟁의 영향

구제도 모순과 삼부회 표결 갈등

성직자 / 귀족 / 평민(제3신분)

신분별 표결 VS 머리수 표결

타임라인: 국민의회 — 입법의회 — 국민공회 — 총재정부 — 통령정부 — 제1제정 (나폴레옹 시대)

국민의회
- 테니스 코트 서약
- 바스티유 감옥 습격
- 인간과 시민의 권리 선언
- 헌법 제정: 입헌 군주제, 제한 선거

입법의회
- 입헌 군주제

국민공회
- 루이 16세 처형
- 로베스 피에르 공포 정치
  - 징병제, 공안위원회, 혁명 재판소, 통화 경제
  - 헌법 제정: 공화정, 성인 남성 보통 선거

총재정부
- 5인 총재

통령정부
- 통령 선출

제1제정
- 황제 즉위

그림으로 보는 프랑스 혁명 현장

바스티유 감옥 습격 · 루이 16세 처형 · 나폴레옹 황제 즉위

미국 혁명

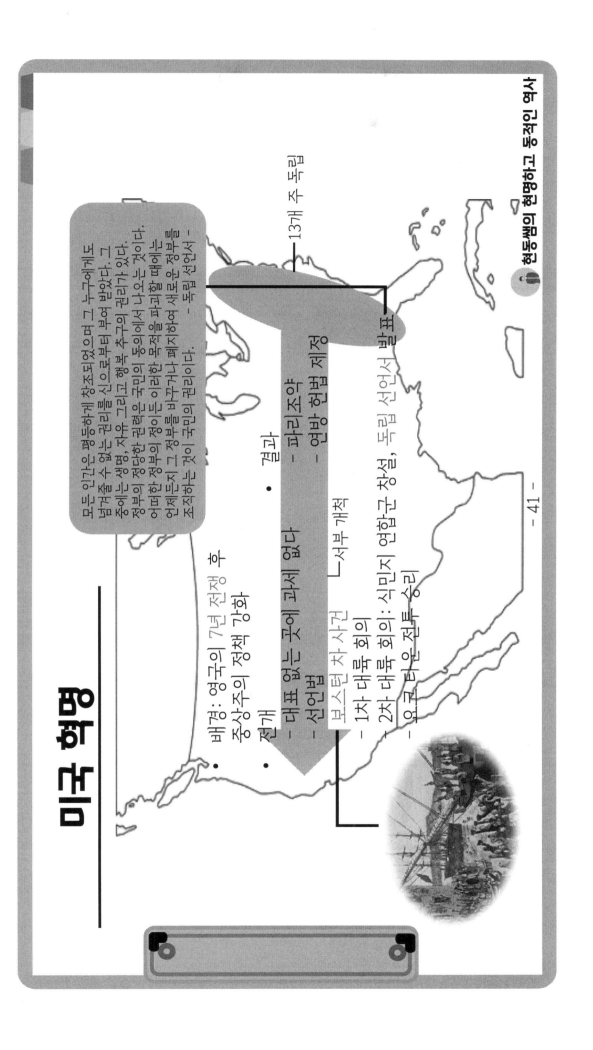

- 배경: 영국의 7년 전쟁 후 중상주의 정책 강화
- 전개
  - 대표 없는 곳에 과세 없다
  - 선언별
    - 보스턴 차 사건 ┐ 서부 개척
    - 1차 대륙 회의
    - 2차 대륙 회의: 식민지 연합군 창설, 독립 선언서 발표
    - 요크타운 전투 승리
- 결과
  - 파리 조약
  - 연방 헌법 제정

— 13개 주 독립 → 독립 선언서 발표

모든 인간은 평등하게 창조되었으며 그 누구에게도 넘겨줄 수 없는 권리를 신으로부터 부여 받았다. 그 중에는 생명, 자유, 그리고 행복 추구의 권리가 있다. 정부의 정당한 권력은 국민의 동의에서 나오는 것이다. 어떠한 정부의 정이든 이러한 목적을 파괴할 때에는 언제든지 그 정부를 바꾸거나 폐지하여 새로운 정부를 조직하는 것이 국민의 권리이다. — 독립 선언서 —

영국 혁명

청교도 혁명

- 배경
  - 젠트리, 시민 성장
  - 제임스 1세와 찰스 1세의 전제 정치

- 전개
  - 의회의 권리 청원 제출 → 찰스 1세의 승인 후 의회 해산
  - → 찰스 1세의 의회 소집(why) 과세 → 왕당파와 의회파의 대립

- 결과
  - 크롬웰이 의회파 승리
  - 찰스 1세 처형, 공화정 수립

명예 혁명

메리와 윌리엄

- 배경: 찰스 2세와 제임스 2세의 전제 정치

- 전개
  - 의회의 제임스 2세 폐위
  - → 메리와 남편 윌리엄을 공동 왕으로 추대
  - → 의회의 권리 장전 승인

- 결과
  - 의회 중심의 입헌 군주제 확립
  - 18세기 내각 책임제로 발전

> · 의회의 동의 없이 법률 집행을 정지하는 것은 위법이다.
> · 의회의 승인 없이 세금을 징수하는 것은 위법이다.
> · 의회의 동의 없이 평화 시에 상비군을 징집하는 것은 위법이다.

근대 사회 발전 과정에서 갈등1

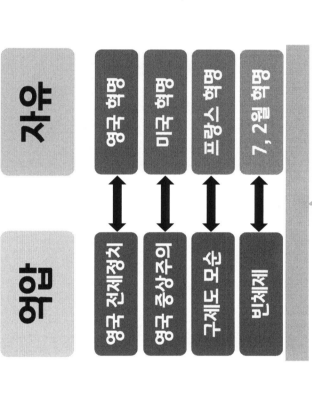

자유		억압
영국 학명	↔	영국 전제정치
미국 학명	↔	영국 중상주의
프랑스 학명	↔	구제도 모순
7, 2월 학명	↔	반체제제

현동쌤의 현명하고 똑똑인 역사

- 43 -

근대 사회 발전 과정에서 갈등2

자유

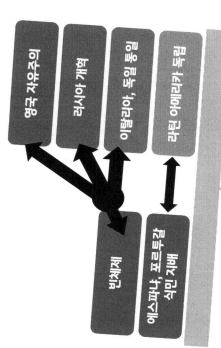

영국 자유주의

러시아 개혁

이탈리아, 독일 통일

나폴레옹 전쟁

빈체제

에스파냐, 포르투갈
식민 지배

억압

제국주의

영국의 제국주의 팽창

- 영국:종단정책, 3C정책 추진
  - 이집트 보호국화
  - 보어 전쟁
  - 남아프리카지역 장악
  - 파쇼다사건: 프랑스와 충돌

- 프랑스: 횡단 정책
  - 알제리~튀니지
  - 마다가스카르
  - 파쇼다사건: 영국과 충돌

- 벨기에: 콩고 차지 → 베를린 회의:아프리카 어느 지역이든 먼저 점령하여 지배하는 나라가 그 지역을 차지한다는 원칙 제시

- 독일:프랑스와 모로코를 둘러싸 갈등
- 라이베리아, 에티오피아: 독립 유지

- 아프리카 영토가 직선인 이유
열강이 제국주의 시대 영토 갈등을 줄이기 위해 토착 민족의 문화 환경을 고려하지 않고 영토의 경계를 자신들 마음대로 정했기 때문이다.

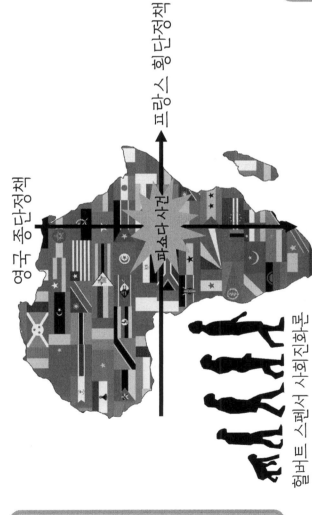

영국 종단정책

프랑스 횡단정책

파쇼다 사건

허버트 스펜서 사회진화론

- Cf) 아프리카 세계의 발전
  - 동아프리카: 쿠시 → 악숨(크리스트교)
  - 서아프리카(사하라 횡단 교역): 가나 → 말리 → 송가이 왕국
    - 만사 무사: 전성기, 메카 순례, 황금 풍부 – 45 –

제 1차 세계 대전

* 배경

발칸 반도 충돌

3국 협상
VS
3국 동맹

사라예보 사건

* 전개

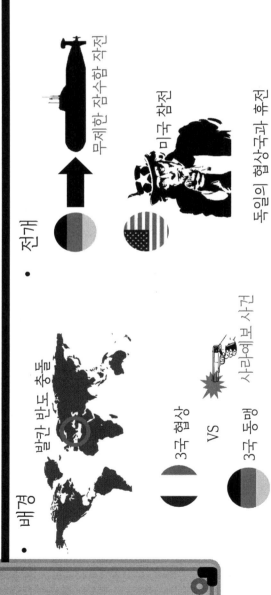

무제한 잠수함 작전

미국 참전

독일의 협상국과 휴전

* 성격
  - 참호전
  - 총력전
  - 외교전

* 결과
  - 민주주의 발전
  - 국제 연맹 창설
  - 베르사유 체제

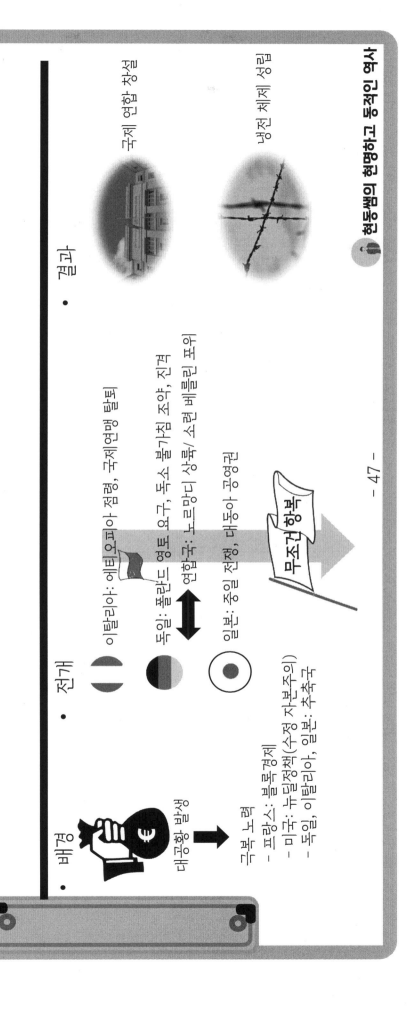

제 2차 세계 대전

- 배경

  대공황 발생 →

  극복 노력
  - 프랑스: 블록경제
  - 미국: 뉴딜정책(수정 자본주의)
  - 독일, 이탈리아, 일본: 주축국

- 전개

  이탈리아: 에티오피아 점령, 국제연맹 탈퇴

  독일: 폴란드 영토 요구, 독소 불가침 조약, 진격

  연합국: 노르망디 상륙/ 소련 베를린 포위

  일본: 중일 전쟁, 대동아 공영권

  → 무조건 항복

- 결과

  국제 연합 창설

  냉전 체제 성립

- 47 -

냉전 체제의 완화와 동유럽 사회주의 붕괴

베를린 장벽 붕괴

Polska
1700zł
Lech Wałęsa
Nobel 1983

- 미국: 닉슨 독트린
- 소련
  - 고르바초프: 개혁개방 정책
  - 옐친: 소련 해체

→ 독일 통일(1990)

- 동유럽 사회주의 붕괴
  - 폴란드 바웬사 노조 승리

스스로 정리

Ⅲ. 총국사 칠판노트

한눈에 보는 중국사

고대

중세

근대

현대

고대
- 중국 문명
  - 하, 상, 주
- 춘추·전국시대
- 진(기원전 221)
  - 법가, 최초의 통일
- 한/ 흉노 제국
- 위·진·남북조
  - 북위: 한화정책

중세
- 수(589)
- 당(618)
  - 안·사의 난(755)
  - 동아시아 문화권
- 송(960)/ 요·금
- 원
- 명(1368)
- 청

근대
- 제1·2차 아편 전쟁
- 태평천국 운동
- 양무 운동
- 변법자강 운동(1898)
- 의화단 운동(1899)
- 광서 신정
- 신해혁명(1911)
- 5·4운동(1919)

현대
- 제1차 국·공 합작(1924)
- 중·일 전쟁(1937)
- 제2차 국·공 합작
- 중화 인민공화국 수립(1949)
- 문화 대혁명
- 덩샤오핑의 개혁·개방

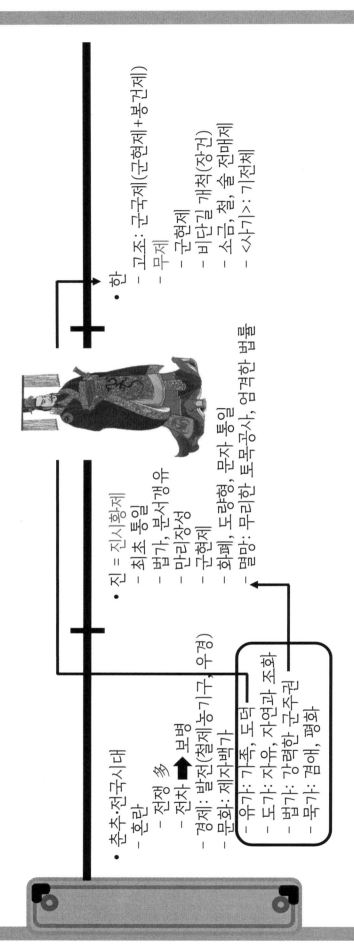

춘추전국시대와 진, 한

• 춘추·전국시대
 - 혼란
 - 전쟁 多
 - 전차 → 보병
 - 경제: 발전(철제농기구, 우경)
 - 문화: 제자백가
  - 유가: 가족, 도덕
  - 도가: 자유, 자연과 조화
  - 법가: 강력한 군주권
  - 묵가: 겸애, 평화

• 진 = 진시황제
 - 최초 통일
 - 법가, 분서갱유
 - 만리장성
 - 군현제
 - 화폐, 도량형, 문자 통일
 - 멸망: 무리한 토목공사, 엄격한 법률

• 한
 - 고조: 군국제(군현제+봉건제)
 - 무제
  - 군현제
  - 비단길 개척(장건)
  - 소금, 철, 술 전매제
  - <사기>: 기전체

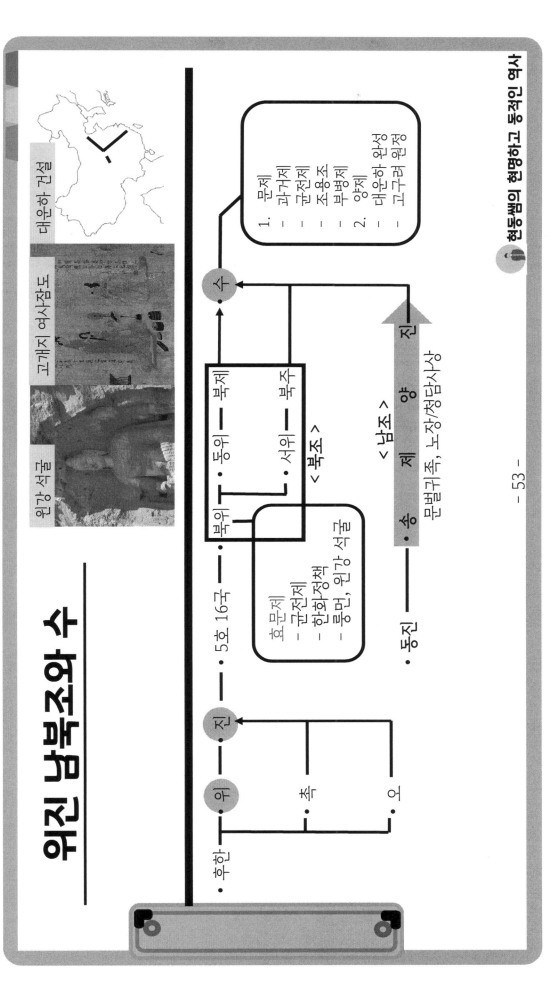

위진 남북조와 수

대운하 건설

고개지 여사잠도

윈강 석굴

후한 ─ 위 ── 진 ── 5호 16국 ── 북위 ─ 동위 ── 북제
                                        └ 서위 ── 북주
                                        < 북조 >

위
촉
오
진

호 문제
- 균전제
- 한화정책
- 룽먼, 윈강 석굴

수

1. 문제
 - 과거제
 - 균전제
 - 조용조
 - 부병제
2. 양제
 - 대운하 완성
 - 고구려 원정

< 남조 >
송 · 제 · 양 ── 진

· 둥진
문벌귀족, 노장/청담사상

당나라

- 동아시아 문화권: 한자, 불교, 유교, 율령

당삼채

- 이연의 건국
- 태종: 고구려 원정, 정관의 치
- 고종
- 현종: 개원의 치

- 안·사의 난
  - 통치 체제 붕괴
- 황소의 난
- 주전충의 반란

혼란 ↕ 안정

- 토지: 균전제 → 장원제
- 군사: 부병제 → 모병제
- 세금: 조·용·조 → 양세법

> 범양절도사 안녹산이 반란을 일으켜 수도를 공략하였는데, 천자의 병사들은 약해서 막아 내지 못하고 결국 수도 장안과 뤄양을 빼앗겼다.
> - 신당서 -

송, 원, 명, 청

한족 계열
유목민족 계열

송 → 원 → 명 → 청

송
- 태조: 문치주의, 과거제 개혁, 황제권 강화
- 신종: 왕안석 신법
- 금의 침략으로 화북을 빼앗김(남송)
- 경제: 농업 발전, 상업 발전 ex) 해상무역(시박사)
- 문화: 성리학, 서민 문화

• 정복왕조
 - 요(거란), 금(여진), 원(몽골)
 - 이원적 통치 체제: 유목+한족

청명상하도

몽골(원)
- 칭기즈 칸: 유목민 통합, 서하와 금 정복, 황제권 강화
- 쿠빌라이 칸: 대도 천도, 국호 원, 남송 멸망
- 동서교류 ex) 역참제, 이븐 바투타, 마르코 폴로
- 서민문화 발달

칭기즈 칸

서하와 금 정복 -> 사후 분열

명
- 홍무제: 황제권 강화, 한족 문화 부흥
- 영락제: 베이징 천도, 정화의 원정
- 쇠퇴 및 멸망: 환관 득세, 북로 남왜의 화, 이자성의 난

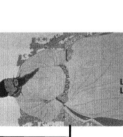

청
- 누르하치: 후금 건국
- 홍타이지: 국호 청
- 강희제: 삼번의 난 진압
- 옹정제: 군기처 설치, 새로운 화이사상
- 건륭제: 십전무공, 사고전서 편찬

강희제

근대화 수립 운동

손원

아편전쟁	태평천국 운동	양무 운동	변법자강 운동	의화단 운동	신해혁명	광서 신정
청 vs 영	멸만흥한	서양 기술수용	법과 제도 개혁	서양관련 파괴	공화정 수립	법과 제도 개혁

근대화 운동 비교

양무 운동 ⟷ 변법자강 운동

양무 운동

- 특징: 중체서용, 중도서기(중국의 정신을 바탕으로 서양 문물을 수용)
- 사례: 근대적 공장 건립, 유학생 파견, 외국어 학교 설립
- 결과: 실패 (why) 종합 계획 부족, 정부 간섭
  - 청·프 전쟁, 청·일 전쟁 패배

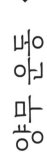

서양의 몇몇 국가들만 독자적으로 부강한 것은 서로 비슷하고 실행하기도 쉬운 장점이 두드러진 결과가 아니겠는가? 만약 중국의 윤상명교를 근본으로 삼고, 외국이 부강해진 기술을 가지고 이를 보강한다면 가장 좋은 방법이 아니겠는가?
　　　　　　　　　　　　　- 풍계분, 교빈려항의 -

변법자강 운동

- 특징: 문명개화, 메이지 유신 모방(법과 제도 사회 전반에 대한 개혁)
- 사례: 의회 설치, 입헌군주제 지향, 과거제 개혁, 교육제도 개혁, 농공상업의 진흥
- 결과: 실패 (why) 보수파의 반발

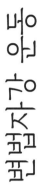

영국은 겨우 손바닥만 한 섬 세 개로 이루어져 있어......서양의 일등국이 되었다. 어찌 다른 까닭이 있었는가? 다만, 의회를 설립해서 박성의 뜻을 하나로 뭉쳐 인기를 강하게 만들었음을 뿐이다.
　　　　　　　　　　　　　- 정관응, 성세위언 -

전후 중국의 발전

5.4 운동

일본의 21개조 요구 1차 국공 합작

군벌 타도

2차 국공 합작

중·일 전쟁

중화 인민공화국 수립

- 마오쩌둥

· 흑묘백묘론 : 실용주의 (경제 성장을 위해 어떠한 체제라도 도입할 수 있음)

· 농업, 공업, 국방, 과학기술 현대화 추진

덩샤오핑의 개혁·개방

문화 대혁명

장개석의 대만 이동

스스로 정리

Ⅳ. 일본사 칠판노트

한눈에 보는 일본사

고대　　　중세　　　근대　　　현대

고대
- 야요이 시대
- 야마토 정권
  - 쇼토쿠 태자
  - 아스카 문화
  - 다이카 개신(645)
- 나라 시대
- 헤이안 시대
  - 국풍 문화 ex) 과부

중세
- 가마쿠라 막부(1185)
- 무로마치 막부(1336)
- 전국시대→ 통일
- 에도 막부(1603)
  - 중앙집권적 봉건제
  - 조닌 문화
  ex) 가부키, 우키요에

근대
- 미·일 화친 조약(1854)
- 미·일 수호 통상 조약(1858)
- 메이지 유신(1868)
  - 폐번치현, 징병제 등
- 제국주의
  - 청·일 전쟁(1894)
  - 러·일 전쟁(1904)

현대
- 중국에 21개조 요구
- 중·일 전쟁(1937)
- 추축국 형성
  - 독·이·일
- 태평양 전쟁(1941)
- 무조건 항복(1945)

일본사 연표

| 고대 | 중세 | 근대 | 현대 |

쇼군(장군)

우키요에

고유 관복

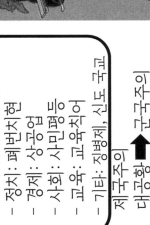
가부키

고대

• 야마토 정권
- 쇼토쿠 태자
- 아스카 문화
- 다이카 개신(645)
  - 중앙 집권체제
  - 일본 국호 사용
• 나라시대
- 견당사, 견신라사
- 고사기, 일본서기, 만엽집
- 불교사원 ex) 동대사

• 헤이안 시대
- 견당사 X
- 국풍문화 발달
ex) 가나문자, 고유 관복

중세

• 막부정권
1. 가마쿠라
- 미나모토 요리토모
- 여원 연합군
2. 무로마치
- 아시카가 다카우지
- 감합무역
3. 전국시대 통일 (도요토미 히데요시)
4. 에도막부
- 도쿠가와 이에야스
- 산킨고타이제
- 조닌 문화 ex) 우키요에 가부키
- 쇄국정책
- 난학

근대

• 개항
- 미일화친조약
- 미일수호통상조약
→ 개항 이후 막부에 대한 불만

• 메이지 유신(1868)
- 정치: 폐번치현
- 경제: 상공업
- 사회: 사민평등
- 교육: 교육칙어
- 기타: 징병제, 신도 국교
• 제국주의
• 대공황 → 군국주의

현대

• 전후 변화
- 천황의 인간 선언
- 신헌법
- 55년 체제 (자민당)

스스로 정리

현동쌤의 현명하고 똑똑한 역사

V. 인도사 칠판노트

한눈에 보는 인도사

고대

- 인도 문명
- 불교 등장
- 마우리아 왕조
  - 아소카왕, 상좌부 불교
- 쿠샨 왕조
  - 카니슈카왕, 대승 불교
- 굽타 왕조(320)
  - 힌두교, 굽타 양식

중세

- 이슬람 왕조(11c)
- 델리 술탄시대(13c)

근대

- 무굴제국(1526)
  - 아크바르 황제
  - 아우랑제브 황제
  - 이슬람 문화
- 세포이 항쟁(1857)
- 인도 국민 회의
  - 친영 → 반영
- 간디 비폭력·불복종 운동
- 독립(1947)

현대

- 인도/파키스탄 분리
- 제3세계 형성

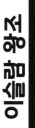

인도사 연표

고대

- 아리아인 이동
  - 철기
- 카스트 제도
- 브라만교

- 마우리아 왕조
  - 아소카왕
  - 상좌부 불교

- 쿠샨 왕조
  - 카니슈카왕
  - 대승 불교
  - 간다라 미술

굽타 양식

고전문화 발달

- 굽타 왕조
  - 힌두교: <마누법전>
  - 산스크리트 문학
    ex) <라마야나>
  - 굽타 양식

이슬람 왕조

- 델리술탄 왕조
  - 노예 왕조: 쿠트브 미나르

- 촐라 왕조

- 무굴 제국
  - 아크바르: 통합정책
  - 샤자한: 타지마할
  - 아우랑제브: 이슬람 제일주의

아소카왕 석주 / 간다라 미술 / 쿠트브 미나르

근대

- 민족운동
  - 브라흐모 사마지 운동
  - 세포이 항쟁(1857)
  - 인도 국민회의
  - 벵골 분할령: 치열
  - 콜카타 대회(1906)
    1. 영국 상품 배척
    2. 스와라지
    3. 스와데시
    4. 국민교육
  - 간디: 비폭력 vs 네루: 무력저항

반영

현대

- 파키스탄 분리(1947)

스스로 정리

VI. 베트남사 칠판노트

한눈에 보는 베트남사

베트남

| 고대 | 중세 | 근대 | 현대 |

고대

- 반랑국 : 최초 국가
- 남비엣 : 한무제에 의해 멸망

중세

- 쩐왕조 : 몽골 침입 격퇴
- 레왕조 : 유교 문화
- 응우옌왕조

근대

- 근왕 운동(1885)
  - 황제 함응이
  - 유교 지식인 중심
- 판보이쩌우
  - 베트남 유신회
  - 베트남 광복회
- 판쩌우찐
  - 통킹의숙 설립

현대

- 베트남 전쟁
- 사회주의 공화국 수립(1976)

베트남사 연표

• 반랑국
• 쩐왕조
  - 몽골 침입 격퇴 (쩐흥다오)
  - 대월사기, 쯔놈 문자

昳　李　理
luc　lý　lý

火　脑　會
ấy　thăng　hội

• 근대화 운동
  - 근왕 운동: 황제 함응이, 유교 지식인 중심
  - 판보이쩌우: 베트남 유신회, 베트남 광복회, 월남 망국사 - 베트남 사회주의 공화국 수립
  - 판쩌우찐: 통킹의숙, 군주제 철폐 주장

• 현대
  - 베트남 전쟁
  - 도이머이 정책 (개혁·개방)

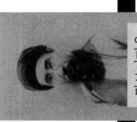

판보이쩌우

• 동아시아의 영토 분쟁

시기	특징
쿠릴열도 남부 4개섬	· 2차 세계대전 후 소련이 점령 · 일본에 반환논의가 있었으나 러시아가 지배
센카쿠 열도	· 일본·중국·타이완이 갈등
시사군도	· 유전·천연가스 지역 풍부
난사군도	

스스로 정리

Ⅵ. 이슬람사 칠판노트

한눈에 보는 이슬람사

고대

- 이슬람교 창시
- 헤지라(622)
- 정통 칼리프 시대
- 우마이야 왕조
- 후우마이야 왕조
- 아바스 왕조
- 파티마 왕조

중세

- 셀주크투르크
- 오스만 제국
- 티무르 제국
- 사파비 왕조
- 무굴제국(인도)

근대

- 와하브 운동
- 이란 입헌혁명

현대

- 터키 공화국 수립

이슬람사 연표

고대

- 무함마드 이슬람교 창시
- 헤지라
- 칼리프 시대
- 우마이야 왕조

특징
- 매일 메카에 예배
- 여성은 히잡을 착용
- 술, 돼지고기 섭취 X

- 기독교: 프랑크 왕국, 비잔티움 제국

중세

- 후우마이야 왕조
- 아바스 왕조
- 파티마 왕조

근대

- 셀주크 튀르크
- 술탄

- 십자군 전쟁
  - 1차: 성공
  - 4차: 콘스탄티노플 점령

- 오스만 제국
- 티무르 제국
- 사파비 왕조
- 무굴 제국(인도)

- 오스만 제국 쇠퇴
- 와하브 운동
- 이란 입헌혁명

현대

- 터키 공화국 수립
  - 무스타파 케말
  - 서아시아 독립
  ex) 이라크, 사우디아라비아

터키 국기

- 절대왕정

코란

아라베스크

스스로 정리

출처

1. 중학교

김태웅 외 9명, 중학교 역사 교과서 ①·②, 미래엔, 2020.

2. 고등학교

가. 한국사

도면회 외 7명, 고등학교 한국사, 비상교육, 2013.
한철호 외 7명, 고등학교 한국사, 미래엔, 2013.

나. 동아시아사

손승철 외 6명, 고등학교 동아시아사, (주)교학사, 2013.
황진상 외 5명, 고등학교 동아시아사, 비상교육, 2013.